Hinweis:
Aus Gründen der besseren Lesbarkeit wird in diesem Text auf geschlechterspezifische Formulierungen verzichtet. Alle verwendeten Begriffe sind im Sinne der Gleichbehandlung für alle Geschlechter zu verstehen.

1. Auflage, April 2025
© 2025 Jürgen Nitzbon

Autor: Jürgen Nitzbon
Verantwortlich für den Inhalt: Jürgen Nitzbon
Lektorat: Siynet Spangenberg
Illustrationen/Gra iken: Jürgen Nitzbon
Verlag: BoD · Books on Demand GmbH, Überseering 33, 22297 Hamburg, bod@bod.de
Druck: Libri Plureos GmbH, Friedensallee 273, 22763 Hamburg
Gestaltung Buchcover: Jürgen Nitzbon
ISBN: 978-3-8192-0861-4

Herausgeber:
Business Fabrik | Inhaberin Stefanie Nitzbon
Talblick 20, 92286 Rieden
www.business-fabrik.com | erfolg@business-fabrik.com | 09624/47 46 07

40-Seiten-Ratgeber® ist eine eingetragene Marke von Viola Möbius. Mehr unter https://violamoebius.com/webinar/

Jürgen Nitzbon

Clever und leicht
in die Selbstständigkeit

Das praktische 1x1-Handbuch mit 21 Mythen, Fakten, Dos & Don'ts

INHALT

SELBSTBESTIMMT LEBEN 3

MIT WELCHEN HERAUSFORDERUNGEN HABEN WIR ZU KÄMPFEN? 7

SCHEITERN UND WARUM ES ZUM PROZESS GEHÖRT! 12

RÜCKSCHLÄGE ALS LEHRMEISTER 17

DER SCHLÜSSEL ZUM START IN DIE FREIHEIT 23

DEINE ERSTEN SCHRITTE 27

VOM ZWEIFEL ZUR KLARHEIT 32

DEIN MOMENT DES HANDELNS: STARTE JETZT IN DEINE ZUKUNFT 34

21 MYTHEN, FAKTEN, DOS & DON'TS, ÜBERSICHTLICH
ZUSAMMENGEFASST 37

Selbstbestimmt Leben

Ich bin Jürgen Nitzbon, ich lebe ein **selbstbestimmtes**, **glückliches**, **erfülltes** und **zufriedenes** Leben voller Liebe. Ich reise an Orte, an denen ich noch nicht war, und ich verbringe meine Zeit mit den Menschen, die mich lieben, achten und respektieren. – Diese Zeilen schreibe ich jeden Morgen als Finale eines täglichen Rituals in mein Daily Journal.

Für mich war Selbstständigkeit schon immer die Möglichkeit, mich frei zu entfalten, ohne mich permanent anderen oder den Wünschen anderer unterwerfen zu müssen. Viele interpretieren „selbstständig" als <u>selbst und ständig</u>. Für mich bedeutet selbstständig, <u>ständig selbst zu entscheiden</u>. Das ist der entscheidende Punkt, um selbstbestimmt zu leben.

Ich hatte schon immer meinen eigenen Kopf. Ich wollte mein eigenes Ding machen. Zugegeben, ich habe Probleme damit, die Dinge so zu machen, wie andere sie möchten, wenn ich der Meinung bin, dass es anders besser geht. Darum konnte ich mich nie sonderlich gut irgendwo oder irgendwem unterordnen.

So bin ich auch hier und dort öfter mal angeeckt. Ich bin ein Freidenker, ein Freigeist, jemand, der einfach selbst etwas anschieben möchte, der einfach seine Segel selbst setzt. Wenn man das Blut geleckt hat, frei zu sein, dann erfüllt einen ein unbeschreibliches Gefühl von Freiheit.

Freiheit eröffnet einem so viele Möglichkeiten. Und das war der Grund, warum ich sagte, ich möchte selbstständig sein. Natürlich waren es zu Beginn auch die materiellen Dinge. Ein tolles Auto, eine bessere Einrichtung oder vielleicht schönere Urlaube. Aber das ist nicht das, was Erfüllung bringt. Materielles ist für mich nicht der Antrieb. Mir geht es, wie bereits erwähnt, darum, selbst zu bestimmen, was ich mit meinem Leben mache.

Wie meine Reise begann? Das war damals im Jahr 2016. Ich bekam einen Link geschickt zu einem Motivationsvideo. Mit so etwas hatte ich mich bis dato noch nicht beschäftigt.

Der Text in Verbindung mit der Musik bewirkte bei mir ein komplettes Umdenken. Ich hörte das Video bestimmt zwei Stunden in Dauerschleife. Es warf meine ganze Denkweise um. Es offenbarte mir, wie und vor allem für wen ich gelebt hatte.

Bis dato war ich semierfolgreich gewesen. Ich war im System der Gesellschaft gefangen. Das war auch insofern in Ordnung, da ich so erzogen und geschult worden war. Es war alles okay. Man bekommt dann jedes Jahr seine vielleicht 100 Euro Lohnerhöhung und vielleicht noch eine nette Prämie dazu. Dazu ein paar anerkennende Worte, wie wichtig meine Arbeit für die Firma sei. Aber als ich dieses Video sah, das war ein absoluter Wendepunkt in meinem Leben.

Ich habe hier eine passende kleine Geschichte für dich.

Aktuell bin ich, während ich diesen Ratgeber schreibe, auf Reha in Oberstdorf in den Alpen.

Die Leute hier sind im Durchschnitt circa 60 Jahre alt. Was denkst du, sind die Top-3-Sätze, die ich von ihnen höre?

> **„Ich habe keinen Bock mehr.“**
> **„Ich gehe nicht mehr zurück in die Arbeit.“**
> **„Ich habe es mir schon ausgerechnet, bald ist es vorbei.“**

Für mich ist das absolut erschreckend. Die Leute hier sind körperlich teilweise wirklich kaputt. Sie haben nicht nur ihre Zeit gegen Geld von anderen getauscht, sondern sogar das zweitwichtigste Gut, das man besitzt – ihre Gesundheit. Sie haben sich für die Träume anderer kaputtgearbeitet. Fliesenleger, Maurer, auch Büroangestellte.

Das zeigt mir einfach wieder, dass ich den richtigen Weg eingeschlagen habe. Die Leute hier versuchen, sich gegenseitig mit ihren Beschwerden zu übertrumpfen. Sie glorifizieren ihre Krankheiten und was sie sich schon alles aufgebaut haben. Mit Stolz verbreiten sie, wie lange sie schon – für andere – arbeiten. Jetzt freuen sie sich auf die bald kommende Rente. Meiner Meinung nach beginnt doch das Leben nicht erst mit Eintritt in die Rente.

<u>Was bedeutet für mich bedeutet Selbstständigkeit?</u>
Chancen – und zwar Chancen ohne Ende. Du kannst nach jeder Entscheidung überprüfen, ob es die richtige war, und dann direkt korrigieren. Du hast die Chance, dich persönlich weiterzuentwickeln. Du wirst neue Leute kennenlernen und hast die Chance, persönlich zu wachsen. Wichtig ist, diese Chancen auch als solche zu identifizieren. Du kennst diese Situationen, wenn dir etwas angeboten wird und du dir denkst, so etwas bekomme ich nie wieder. Es gibt aber auch die kleinen Chancen. Vielleicht dieser Ratgeber, der rückblickend ein Teil vom großen Ganzen in deinem Leben gewesen sein wird.

Freiheit ist für mich **mein** persönlicher Grund für die Selbständigkeit.
Natürlich muss ich meine Aufgaben erledigen und meistens sitze ich auch länger als acht Stunden an meiner Arbeit. Aber ich kann frei entscheiden. Ich kann entscheiden, ob ich noch eine Gründungsberatung annehme oder darauf verzichte. Gehe ich jetzt zum Sport und arbeite später weiter, wenn der Kopf wieder frei ist?
Ich kann in den Ferien mit den Kindern Zeit verbringen oder auch spontan wegfahren. Im Sommer verbringe ich die Vormittage gerne am See oder sitze mit dem Notebook im Garten.

Da du dich als Selbstständiger in so vielen Bereichen etwas auskennen musst, wirst du dich enorm weiterentwickeln. Die sogenannte „eierlegende Wollmilchsau".
Du baust dein eigenes Netzwerk an Unterstützern, Kunden und Partnern auf. Deine Möglichkeiten für dein Unternehmen sind ebenso unbegrenzt wie deine persönlichen Chancen. Nimmst du Grenzen wahr, existieren diese immer nur in deinen Kopf.
Wenn du „nur" Currywurst mit Pommes verkaufst, heißt das ja nicht, das man nicht mehr daraus machen kann. Du kannst doch 15 von diesen Imbissläden innerhalb von fünf, acht oder zehn Jahren eröffnen. Dann besitzt du

eine Kette. Aus dieser Kette kannst du ein Franchise machen. Die vertreibt deine Idee international und irgendwann folgt der Verkauf deines Unternehmens.

Das sind die Chancen, welche dir das Leben bietet, wenn du für dich arbeitest und nicht für andere.

<u>Mit welchem Schritt fange ich an?</u>

Welcher Schritt ist der wichtigste? Ich denke, du bist klug genug, zu wissen, dass das der erste ist. Der ist auch der größte. Danach ist es ein ständiges Weitergehen, ein ständiges Weiterentwickeln. Stehenbleiben geht nicht. Also immer weiter nach vorne!

Der große erst Schritt in die Selbstständigkeit kann einem Angst machen. Lasse dich davon nicht bremsen. Auch wenn deine Angst ein sehr wichtiger Schutzfaktor ist: Viele tausend Jahre nach den Neandertalern brauchen wir nicht mehr vor dem Säbelzahntiger davonzurennen. Wir können selbst einschätzen, vor was wir Angst haben sollten und vor was nicht. Niemand wird dir dein Leben nehmen, niemand wird dir dein Dach über dem Kopf nehmen oder gar deine Kinder. All das, was du bereits hast, ist ein Bonus in deinem Leben und du kannst nur weiter dazugewinnen. Wenn du nur etwas mehr Vertrauen in dich „steckst". Es ist Zeit, aktiv zu werden.

Dieser Ratgeber ist nicht nur dazu da, dir Informationen zu liefern, sondern er erfordert deine Mithilfe!

Ich lade dich jetzt dazu ein, die nächsten Schritte zu gehen und die folgenden Seiten mit all deiner Aufmerksamkeit, Neugierde und Gespanntheit zu lesen. Sie sollen dir als Anhaltspunkt für deine Entscheidungen, vor allem aber als Hilfestellung zur Reflexion dienen.

Allen Erfolg dieser Welt wünscht dir
Jürgen

Mit welchen Herausforderungen haben wir zu kämpfen?

Als Unternehmer muss man mit verschieden Situationen umgehen können und dies bereits vor der Gründung. Wir fangen aber noch einen Schritt vorher an – beim Angestelltenverhältnis.

Der Gallup Engagement Index [1] untersucht jedes Jahr die Bindung von Mitarbeiterinnen und Mitarbeitern an ihre Arbeitgeber. Die Ergebnisse sind seit knapp 25 Jahren nahezu gleich.
Eine Gruppe – nennen wir sie „X" – von 15 Prozent der Angestellten hat keine emotionale beziehungsweise eine negative Bindung an ihren Arbeitgeber. Sie verweigert Überstunden, wenn das möglich ist.
Die nächste Gruppe – „Y" – von 70 Prozent weist eine durchschnittliche Verbundenheit zu ihrem Arbeitgeber auf. Das sind die klassischen 9-to-5-Arbeiter. Überstunden sind für sie nur Mittel zum Zweck.
Die letzte Gruppe – „Z" – von wiederum 15 Prozent liebt das, was sie täglich am Arbeitsplatz tut, und ist dem Arbeitgeber gegenüber besonders loyal.

In welche Gruppe würdest du dich einordnen?

X　　　　　　**Y**　　　　　　**Z**

Notiere doch bitte mal, was dich am meisten am Angestelltenverhältnis stört:

➢ ____

➢ ____

➢ ____

Warum bleiben 85 Prozent bei ihrem Arbeitgeber, obwohl sie das, was sie täglich tun, nicht lieben?

[1] Nink, Marco: Engagement Index: Die neuesten Daten und Erkenntnisse der Gallup-Studie, 2018 (abgerufen am 07.02.2025)

Auch dazu gibt es mit Sicherheit Studien und Untersuchungen. Aber wenn wir einfach unseren Verstand benutzen und ein bisschen in uns hineinhören, dann – so glaube ich – erkennen wir selbst, was die Gründe sind.

Und dann sind da die Schuldgefühle, die wir mit uns herumtragen. Wir denken, wir sind unserem Arbeitgeber irgendetwas dafür schuldig, dass er uns angestellt hat. Vielleicht hast du den Job nur bekommen, weil du besonders hartnäckig gewesen bist, und du hast deswegen das Gefühl, du würdest deinen Chef enttäuschen. Oder du hast den Job bekommen, weil deine Freunde, Verwandte, Bekannte dir diese Stelle vermittelt haben. Doch du bist niemandem etwas schuldig. Allen voran nicht deinem Arbeitgeber. Du gehst zur Arbeit und tauschst deine Lebenszeit und deine Gesundheit gegen Geld. So funktioniert der Markt. Das ist ein ganz einfaches Prinzip. Du gibst, er gibt, du nimmst, er nimmt. Noch einmal: Du musst dich niemandem gegenüber schuldig fühlen. Du bist vielmehr gegenüber dir selbst dazu verpflichtet, das Beste aus deinem Leben zu machen.

Der Liebling vieler Menschen ist die Komfortzone.
Sicherheit ist in der aktuellen Situation schon sehr verlockend. Es gibt keine Gefahr. Es gibt keine Angst. Es gibt keine Zweifel. Es passt alles. Du kommst nach Hause und ziehst dein tägliches Programm durch. Du triffst dich am Wochenende mit Freunden und machst Party. Zwischendurch scrollst du am Handy durch deine Chats. Du fährst einmal im Jahr in Urlaub, vielleicht sogar zweimal. So ist die Welt in Ordnung. Aber du musst fragen, damit du Urlaub bekommst. Bedeutet, du musst deinen Vorgesetzten fragen, ob du dir in deinem Leben Zeit für dich nehmen darfst. Dies aber nur am Rande, um etwas zum Nachdenken anzuregen.

Dann ist da noch die Angst vor den finanziellen Sorgen, wenn du deine Stelle aufgeben würdest. Diese Angst ist absolut real und auch absolut berechtigt. Du sollst sie auch nicht ignorieren, aber sie darf dich nicht lähmen. Man kann diese Angst auch in Vorsicht umwandeln und wenn du nun den richtigen Plan hast, die richtige Unterstützung, dann lässt sich der finanzielle Druck kontrollieren.

Wenn dir gänzlich die Mittel für eine Unternehmensgründung fehlen, und das ist in 85 Prozent der Fälle so, dann gibt es Lösungen wie Fördermittel, Kredite, Netzwerke und Strategien. Es gibt viele Möglichkeiten, um die finanziellen Sorgen so weit wie möglich zu minimieren.

Die Erwartungen, die wir erfüllen

Hast du dich schon einmal gefragt, wessen Erwartungen du wirklich erfüllst? Sind es deine eigenen oder lebst du vielleicht nach den Vorstellungen anderer? Nimm dir einen Moment Zeit und gehe in dich. Überlege genau: Was erwartest du von dir selbst und wann erfüllst du die Erwartungen, die andere an dich haben?

Natürlich gibt es Stimmen in deinem Leben – von Freunden, der Familie oder sogar von der Gesellschaft –, die dir das Gefühl geben, dass du mit deinem Traum einen riskanten Weg einschlägst. Diese Stimmen flüstern dir Zweifel zu, sprechen von dem Verlust der Sicherheit und raten dir, dich nicht zu weit aus dem Fenster zu lehnen. Aber sei ehrlich: Sind das wirklich deine eigenen Gedanken? Oder spürst du, dass hier die Ängste, die Perspektive und die Erfahrungen anderer in Worte gefasst werden?
Erkenne, dass diese Meinungen, Träume und Erwartungen aus anderen Leben kommen – nicht aus deinem. Und genau das ist der Punkt: Es geht um dein Leben, deinen Traum, deinen Weg. Du hast das Recht, dein Leben so zu gestalten, wie es für dich richtig ist.

Sieh nicht zu, wenn andere dein Leben bestimmen wollen. Lasse dich nicht davon abhalten, dein Potenzial auszuleben und selbstständig über deine Zukunft zu entscheiden. Selbstbestimmt zu leben bedeutet, die Kontrolle zu übernehmen und bewusst zu entscheiden, wohin die Reise geht.
Es geht darum, deine Träume zu verfolgen, deine Werte zu leben und dein Leben in die eigene Hand zu nehmen. Nur so kannst du so leben, wie du dir das wünschst – statt so, wie andere es für dich vorsehen.

Stelle dir folgende Frage: „Will ich mein Leben nach meinen eigenen Vorstellungen leben oder lasse ich mich von den Erwartungen anderer leiten?"
Nur du kennst die Antwort – und nur du kannst die Richtung bestimmen.

Wie ist es aktuell bei dir? Notiere doch mal, wie viele Stunden du ungefähr am Tag fremdbestimmt lebst und für wen:

____

____

____

____

Wenn du auf die Welt kommst, bist du wie ein Buch mit leeren weißen Seiten. Dein familiäres Umfeld beginnt damit, die Seiten für dich zu füllen. Später kommen dann Freunde, Bekannte, Fremde dazu. Jeder würde gerne ein paar Seiten in deinem Buch füllen. Lasse dies so wenig wie möglich zu, denn:

„Du bist der Autor deines eigenen Lebensbuchs. Schreib es gut."
Unbekannt

Wie sieht es mit den Selbstzweifeln aus, die täglich in und an uns nagen? Diese Zweifel kommen in allen Lebenslagen, egal, wo wir uns gerade befinden. Daher ist es völlig klar, dass diese umso lauter „schreien", wenn wir große Entscheidungen treffen wollen.

Folgende Zweifel begleiten dich vielleicht und haben auch mich lange Zeit begleitet:

1. <u>Bin ich gut genug?</u>
   Zweifel an den eigenen Fähigkeiten und daran, ob man wirklich gut genug ist, um ein erfolgreicher Unternehmer zu sein. Wieso trauen wir anderen mehr zu als uns selbst?

2. <u>Was ist, wenn ich scheitere?</u>

Die Angst vor dem Versagen, finanziellen Verlusten oder der Blamage vor Familie und Freunden. Eine allgegenwärtige Angst. Aber was ist, wenn du nicht scheiterst?

3. <u>Habe ich genug Wissen?</u>
Unsicherheiten darüber, ob man alle notwendigen Kenntnisse in Bereichen wie Finanzen, Marketing oder rechtliche Anforderungen hat. Jeder Unternehmer hat mal angefangen. Du kannst dir auch Wissen aufbauen und dann starten, aber wann ist genug Wissen vorhanden?

4. <u>Halte ich den finanziellen Druck aus?</u>
Die Sorge, ob man genug Geld hat, um die Anfangsphase zu überstehen, und die Frage, ob man mit einem unregelmäßigen Einkommen umgehen kann. Hier ist eine vernünftige Planung der Schlüssel zum Erfolg!

5. <u>Erhalte ich Unterstützung?</u>
Zweifel daran, ob Freunde, Familie oder ein Netzwerk an Unterstützern vorhanden ist, das den Weg erleichtert. Wenn dich niemand unterstützt, dann hast du die falschen Menschen in deinem Umfeld. Nur Menschen, die für dich sind, unterstützen dich!

Findest du dich bei diesen Punkten wieder? Hast du vielleicht sogar weitere Zweifel? Dann schreibe diese nieder und reflektiere sie für dich.

Frage dich, warum du zweifelst und was passieren müsste, damit die Zweifel verschwinden. Wie würde es sich anfühlen, wenn ein bestimmter Zweifel aus dem Weg geräumt wäre? Beschreibe dies doch mal:

____

____

____

____

____

Wenn du dir das notiert und es reflektiert hast, stelle dir noch die Frage: „Warum juckt **mich** das eigentlich?" Um was geht es? Um die Meinung von außen oder um die, die du von dir selbst hast?

Scheitern und warum es zum Prozess gehört!

Angst vor dem Scheitern – sie ist einer der Hauptgründe, warum Menschen zögern. Was passiert, wenn ich es nicht schaffe? Was, wenn das Geld nicht reicht? Diese Fragen sind berechtigt, aber sie dürfen dich nicht lähmen.

Ich kenne diese Angst gut. Und weißt du was? Meine Befürchtungen waren tatsächlich berechtigt. Ich verlor mein Unternehmen. Alles, was ich aufgebaut hatte, war plötzlich weg. Nicht nur mein Geld, auch meine materiellen Werte. Ich verlor auch ein Stück weit mein Gesicht, weil Scheitern in Deutschland als negativ angesehen wird. Ich war in einem tiefen Loch. Mir war viel zu wichtig, was andere über mich dachten. Ich hörte zu wenig auf mich, zu wenig auf das, was ich selbst über mich dachte.

Lasse mich dir eine Frage stellen: Was ist das Schlimmste, das dir als Unternehmer passieren kann? Du gehst pleite. Aber es ist nur Geld. Niemand wird dir dein Leben nehmen. Und das Wichtigste: Niemand wird dir den Mut nehmen, wieder aufzustehen.

Ich habe für mich gelernt, dass ich so viel mehr erreicht habe als viele andere. Nur weil ich in <u>deren</u> Augen gescheitert bin, lasse ich mich nicht unterkriegen. Ich habe so viel dazugelernt, was viele erfolgreiche Unternehmer nicht gelernt haben – und zwar, wie man nach dem Scheitern wieder anfängt. Aber man fängt nicht mehr bei Null an.

Ja, Scheitern fühlt sich schrecklich an. Aber weißt du, was noch schlimmer ist? Es nie zu versuchen und so nie zu erfahren, was möglich gewesen wäre. Denn hinter der Angst liegt das, was dich wirklich wachsen lässt: neue Chancen, neue Wege, neue Stärke.

All die Ängste und die Zweifel, die in dir sind, sind völlig normal. Sie sind ein Schutzmechanismus. Sie wollen dich davor bewahren, Fehler zu machen. Jeder möchte doch einfach nur das tun, was ihm auch gelingt. Niemand hat Lust auf Rückschläge. Fliehst du vor unangenehmen Situationen, unangenehmen Gesprächen mit Kollegen, mit deinem Vorgesetzten oder sogar mit der Familie? Gehst du der Konfrontation aus dem Weg?

Die meisten tun das. Der Grund ist einfach diese Angst, die in uns steckt. Angst vor Ablehnung, Angst vor Zurückweisung, Angst, dass wir dann als Schuldige hingestellt werden, obwohl wir ja gar nichts falsch machen.

Hinzu kommt die gesellschaftliche Verantwortung. Du bist als Unternehmer nicht im System wie der Großteil der Menschen da draußen. Deine Freunde raten dir, dich ja nicht selbstständig zu machen, denn dann müsstest du so viel arbeiten. „Komm, geh doch lieber mit uns feiern", rufen sie dir zu. Freitag Party, Samstag Party, Sonntag chillen auf der Couch. Ist doch viel entspannter, als selbst und ständig zu arbeiten. Aber: Sobald sich bei dir der Erfolg einstellt, hast du noch genug Zeit, Party zu machen, und dann kannst du wirklich richtig Party machen.

Du zweifelst an dir, du bist dir einfach unsicher. Ist das was für mich? Bin ich überhaupt schon reif dafür? Was muss ich denn alles beachten? Ich weiß ja gar nicht, auf was ich achten muss. Buchhalterische Themen, Mitarbeiterführung vielleicht, Wareneinkauf, Vertragsverhandlungen,

Einkaufsmodalitäten klären, monatliche Umsatzsteuervoranmeldung beim Finanzamt, Datenschutz, Logo. Ach, ich brauche ja eine Website, Facebook, Instagram, TikTok, Snapchat. Du kannst das gar nicht alles, aber du musst ja auch nicht alles können.

Früher dachte auch ich, dass ich alles selbst machen muss – von der Website über den Datenschutz bis hin zur Digitalisierung. Doch der größte Zeitfresser war mit Abstand der Businessplan. Ich habe mehr als 60 Stunden daran gearbeitet, und selbst dann war die Finanzplanung noch nicht vollständig. Warum so viel Zeit? Weil ich wollte, dass es perfekt und schlüssig ist. Natürlich habe ich mir dann Unterstützung geholt. Ich habe einen Berater engagiert, der den Plan mit meinen Angaben fertigstellen sollte – und am Ende bekam ich einen tragfähigen Business- und Finanzplan. Diese Erfahrung hat mir gezeigt, dass Zeit oft viel wertvoller ist als Geld. Dienstleistungen haben ihren Preis, ja – aber rechne einmal selbst: Wie viel ist dir eine Stunde deiner Zeit wert? 70 €, 90 € oder vielleicht noch mehr?

Stelle dir vor, du schreibst deinen Businessplan und die Finanzplanung komplett selbst. Du wirst dafür rund sieben volle Tage benötigen.
Das sind sieben Tage mal acht Stunden. Das multipliziert mit deinem Stundensatz ergibt _______€. Rechne es gerne aus. Ein Profi hingegen benötigt mit deinen Angaben etwa zwei Arbeitstage. Klar, du zahlst für diese Dienstleistung, aber du sparst viel Zeit, die du für andere wichtige Dinge nutzen kannst, mit denen du dich auskennst. So wird es am Ende sogar günstiger.
Gerade in der Anfangsphase deiner Gründung hast du ohnehin ein volles Programm. Warum also nicht klug delegieren? Es gibt zudem Fördermöglichkeiten für Leistungen, die du dir einkaufst – dazu später mehr.

<u>Ohne Orientierung geht es nicht</u>
Orientierungslosigkeit beginnt ja schon ganz am Anfang. Kennst du das Gefühl, nicht zu wissen, wo du anfangen sollst und was Nächstes zu erledigen ist?

Gründe ich das Unternehmen als Einzelunternehmer, Kapital- oder Personengesellschaft? Wie ist das mit der Gewerbeanmeldung, welche Branche muss ich auswählen? Ist ein Eintrag in der Handwerksrolle nötig? Oder reicht IHK? Dann ist da noch das Finanzamt ... was genau muss ich denn dort beantragen? Weiter geht's mit der Rentenversicherung, muss ich noch Beiträge bezahlen oder lasse ich mich befreien? Bleibe ich freiwillig in der gesetzlichen Krankenversicherung oder wechsle ich lieber in eine private? Mist, ich habe eine Förderung verpasst, zu früh gegründet ...

Der Dschungel aus Anforderungen, Anträgen und Strategien kann auf den ersten Blick überfordern – besonders, wenn du dich eigentlich nur auf das konzentrieren möchtest, was du liebst: dein Unternehmen und die Arbeit, die dir Spaß macht. Es fühlt sich an, als würden tausend Dinge auf einmal auf dich einprasseln, und das kann schnell einschüchternd sein. Aber wie schon gesagt: Du musst diesen Weg nicht allein gehen. Es gibt Partner, die dir als Wegweiser zur Seite stehen. Menschen, die wissen, wo es langgeht, und bei denen du nachfragen kannst, wenn du mal nicht weiterkommst. Sie helfen dir, den Überblick zu behalten, unterstützen dich bei Anträgen und Formalitäten und geben dir wertvolle Tipps, wie du Stolpersteine umgehen kannst.

Besonders wichtig ist, dass du dir solche Unterstützung rechtzeitig holst. Idealerweise machst du es, bevor du dein Gewerbe anmeldest und unvorbereitet die nächsten Meilenstein angehst. Denn eines ist klar: Das, was auf dich zukommt, ist viel – verdammt viel. Aber lasse dich davon nicht einschüchtern. Niemand erwartet, dass du von Anfang an alles weißt oder alles perfekt kannst. Was zählt, ist, dass du bereit bist, die Hürden anzunehmen und sie nach für nach zu überwinden.

Wenn du jedoch schon an diesem Punkt merkst, dass dich die Herausforderungen an deine Grenzen bringen, erinnere dich an die Komfortzone. Jede Grenze, die du heute überwindest, bringt dich deinem Ziel näher. Denke daran: Deine Vision ist es wert, diesen Dschungel zu durchqueren. Und mit den richtigen Partnern an deiner Seite wird der Weg nicht nur machbarer, sondern auch deutlich klarer. Du bist nicht allein – du musst nur den ersten Schritt machen.

Was passiert, wenn du nicht handelst? Genau, einfach nichts. Es wird sich nichts ändern. Deine Träume bleiben auf der Strecke, deine Wünsche bleiben Illusionen. Mit welchem Gefühl willst du weitermachen? Mit dem, nichts getan zu haben? Willst du ständig daran denken, was alles möglich gewesen wäre? Oder willst du lieber am eigenen Unternehmen arbeiten und darüber nachsinnen, was du tun kannst, um deinen Umsatz zu steigern?

Wenn du nun meinst, es sei eh schon zu spät, die Wettbewerber seien dir schon Jahre voraus, dann möchte ich dir folgendes chinesisches Sprichwort ans Herz legen:

Die beste Zeit einen Baum zu pflanzen war vor 20 Jahren,
die zweitbeste Zeit ist jetzt!

Rückschläge als Lehrmeister

Es gibt Momente im Leben, die uns aus der Bahn werfen. Momente, in denen alles, was wir uns aufgebaut haben, plötzlich platzt wie Seifenblasen. Sicherlich kennst du so etwas.

Für mich war dieser Moment die Insolvenz meines ersten Unternehmens im Jahr 2021. Es war ein Handwerksunternehmen, das ich 2017 voller Leidenschaft gegründet hatte. Wir hatten im ersten Jahr zwei Azubis eingestellt, bis zur Schließung waren vier Azubis und sechs Angestellte bei uns beschäftigt. Es dauerte nur vier Jahre, dann war alles vorbei. Und mit dem Verlust meines Unternehmens kam auch die Privatinsolvenz. 92 Prozent der Unternehmen scheitern innerhalb der ersten vier Jahre. Meines war eines davon. Also, wenn jemand weiß, wie manche Dinge nicht gemacht werden sollen, dann ich.

Ich habe vieles verloren. Vom Unternehmer in Hartz IV! Mein Erspartes war weg und – vielleicht am schmerzhaftesten – mein Ansehen beschädigt. Es fühlte sich an, als würde der Boden unter mir wegbrechen. Das war der größte Rückschlag meines Lebens – finanziell und persönlich. Ich fiel in ein tiefes Loch.
Doch heute, mit ein wenig Abstand, sehe ich diesen Rückschlag anders. Er war eine der härtesten Lektionen meines Lebens, aber auch eine der wertvollsten. Ich musste schmerzlich lernen, dass Rückschläge Teil des Prozesses sind. Sie sind ein Teil der Entwicklung, die wir alle durchmachen – besonders, wenn wir wachsen wollen. Wenn man große Dinge schaffen will, muss man auch große Schmerzen wegstecken können.

Was ich aus meinem Tiefpunkt gelernt habe?
Rückschläge tun weh, und sie kommen oft unerwartet. Doch in jedem Rückschlag steckt auch mindestens eine Möglichkeit. Nur darf man sich in diesem Moment nicht von seinen Emotionen blenden lassen. Nach harter Arbeit mit mir und an mir, bedeutete der Tiefpunkt für mich, neu anzufangen,

stärker zurückkommen und aus meinen Fehlern lernen. Diese Erfahrung hat mich gelehrt, was wirklich zählt: Resilienz, Mut und ein starkes Netzwerk.

Dank meines Tiefpunkts habe ich Stärken entwickelt, die ich vorher nicht kannte. Ich bin heute fähig, Rückschläge nicht nur zu ertragen, sondern daran zu wachsen. Ich kann meine Fehler akzeptieren und sie in wertvolle Lektionen umwandeln. Diese Lektionen möchte ich dir weitergeben. Du musst nicht die gleichen Fehler machen wie ich. Ich kann dir helfen, die Stolpersteine zu vermeiden, die mich damals zu Fall gebracht haben.

Ich weiß heute, wie wichtig es ist, Unterstützung zu haben. Sei es von der Familie, von Freunden oder von erfahrenen Beratern. Als ich mit meinem ersten Unternehmen scheiterte, zerbrachen viele Brücken, aber im Nachhinein bin ich froh darüber. Die Menschen, die geblieben sind, haben mir gezeigt, worauf es ankommt: auf Ehrlichkeit, Vertrauen und echten Rückhalt. Alle anderen waren all die Jahre lediglich Nutznießer gewesen. Sie waren nur solange da, wie es mir gut ging.

Es klingt vielleicht abgedroschen, aber es stimmt: „Wenn du hinfällst, stehst du wieder auf." Genauso wie ein Kind, das beim Fahrradfahren stürzt und trotzdem immer wieder aufs Rad steigt, bis es fahren kann. Genau das gilt auch im Leben – und besonders im Unternehmertum. Du kannst dich nicht von jedem kleinen Schubser unterkriegen lassen.

Jeder Tag lässt dir die Wahl: Willst du dich für deine Träume entscheiden oder für die Träume von anderen.
Willst du deine Ziele verfolgen oder anderen dabei helfen, ihre Träume zu leben?
Diese Fragen klingen vielleicht hart, aber sie sind der Kern dessen, worum es geht. Möchtest du die Postkarte deines Chefs an deinem Schreibtisch betrachten oder möchtest du derjenige sein, der die Postkarten verschickt?

Ich habe mich entschieden – für mich, meine Träume und mein Leben. Lieber gehe ich für drei Jahre kleinere Kompromisse ein, als ein ganzes Leben lang meine Wünsche und Ziele aufzugeben. Natürlich sind materielle Dinge wie ein schickes Auto, eine tolle Wohnung oder ein Traumurlaub etwas Schönes. Aber am Ende geht es um viel mehr: Es geht um Freiheit. Die Freiheit, selbst zu bestimmen, wie ich mein Leben gestalte, welche Entscheidungen ich treffe und welchen Weg ich gehe.

Es geht um die Möglichkeit, morgens aufzuwachen und zu wissen, dass ich mein Leben selbst in der Hand habe. Kein Chef, der über meine Zeit verfügt, kein fremder Plan, der meinen Tag diktiert. Es geht darum, meine Werte, meine Ziele und meine Vision zu verfolgen – ohne Kompromisse bei dem, was wirklich zählt: meiner Freiheit und meinem Selbstwertgefühl.

Nun stelle dir folgendes Szenario vor.

Du wachst morgens auf – nicht mit dem Gefühl von Stress oder Druck, sondern mit Vorfreude. Vorfreude auf einen Tag, den du selbst gestaltest. Kein Vorgesetzter, der dir sagt, was zu tun ist, keine Fristen, die dir auferlegt werden, sondern dein eigener Plan, deine eigenen Ziele. Du öffnest die Tür zu deinem eigenen Büro – deinem persönlichen Reich, das du aufgebaut hast. Oder du steigst in dein Firmenfahrzeug, auf dem dein Logo prangt. Dein Name, dein Unternehmen, dein Erfolg. Du bestimmst den Rhythmus.

Du entscheidest, womit du deinen Tag beginnst. Vielleicht mit der kreativen Planung eines neuen Projekts oder dem Erledigen einer wichtigen Aufgabe. Du bist derjenige, der priorisiert, der den Ton angibt. Und wenn das Telefon klingelt, dann ist es dein Unternehmen, dessen Name fällt.

„Guten Morgen, hier spricht Herr/Frau X von der Firma Y. Was kann ich für Sie tun?"

Wie fühlt es sich an, nicht nur die Geschäfte zu führen, sondern die Verantwortung fürs Ganze zu tragen und die Anerkennung dafür zu bekommen? Wie wird es sein, wenn du sagen kannst: „Ja, ich bin der Chef"? Ein einfacher Satz, den ich selbst noch aus meinen ersten Unternehmen kenne. Der Anrufer fühlt sich enorm wertgeschätzt, weil er mit dem Chef persönlich sprechen kann. – Jedes Mal hat mich das mit Stolz erfüllt.

Und jetzt stelle dir das Gegenteil vor.

Ein Tag wie jeder andere. Der Wecker klingelt, und du fragst dich, wozu du überhaupt aufstehst. Dein Tag beginnt nicht mit Vorfreude, sondern mit

Routine. Du gehst nicht zur Arbeit, um deinen eigenen Traum zu verwirklichen, sondern um an dem von jemand anderem zu arbeiten. Deine Energie
fließt in fremde Ziele, und abends fragst du dich, ob das wirklich alles gewesen sein soll.

Welche Option fühlt sich besser an?
Ich glaube, wir beide kennen die Antwort. Der Weg zur Selbstständigkeit ist
nicht immer leicht, aber er bietet dir etwas, das kein Angestelltenverhältnis
je geben kann: die Freiheit, deine eigene Zukunft zu gestalten. Jeder Morgen
beginnt mit der Entscheidung, deinen Traum zu leben. Stelle dir vor, wie es
wäre, wenn dieser Traum Wirklichkeit würde. **Es liegt in deiner Hand.**
Ich lade dich ein, deinen Traumarbeitstag zu beschreiben. Lasse dir Zeit
und höre dabei nicht auf deinen Kopf. Der versucht alles rational zu behan-
deln und dann in Schubladen zu stecken.

Wichtig: Denke so groß, wie du kannst!

____

____

____

____

____

____

____

____

Du entscheidest, wie dein Tag aussieht. Du machst das, was dich begeistert
und inspiriert. Du weißt, dass jede Entscheidung, die du triffst, dich deinem
Ziel näherbringt.

Das ist die Freiheit, die Selbstständigkeit mit sich bringt. Es geht nicht nur um Arbeit, es geht um Leben. Es geht darum, die Kontrolle über dein Leben zurückzugewinnen.

Ich bin den Weg gegangen, den du vielleicht gerade überlegst zu gehen. Sogar schon mehrmals. Es brauchte Zeit und auch Durchhaltevermögen, aber es hat sich gelohnt. Und ich verspreche dir: Auch du kannst es schaffen. Es gibt keinen Grund, warum du nicht erfolgreich sein solltest. Alles, was es braucht, ist der erste Schritt – und den Mut, an dich selbst zu glauben.
Ich bin hier, um dir zu helfen, diesen Schritt zu gehen. Gemeinsam können wir deine Träume in die Realität umsetzen. Also, worauf wartest du?

Du erinnerst dich noch an meinen eigenen persönlichen Rückschlag. Bei jedem Unternehmer gibt es Rückschläge. Es gibt auch solche Rückschläge, die dich daran zweifeln lassen, ob Selbstständigkeit das Richtige für dich ist. Sieh die Rückschläge immer als Chance für einen Neuanfang und überdenke deine Entscheidung. Beim nächsten Mal kannst du es besser machen. Wir lernen nur durch Schmerz. Wenn uns alles in den Schoß gelegt würde, wäre unser Learning unbedeutend, würden wir keine wichtigen Erfahrungen machen. Aber wenn wir die Möglichkeit haben, durch Schmerz zu lernen, dann prägt sich das so in unser Gehirn ein, dass wir diese Schmerzen und diese Ängste nicht mehr erfahren wollen.
Warum sollte man sich jetzt entscheiden, wie man leben möchte? Warum heute?

Streiche den folgenden Satz aus deinem Gedächtnis:

„Morgen ist auch noch ein Tag.“

Ersetze ihn durch:

„Morgen ist ein Tag weniger.“

Der gestrige Tag ist vorbei, und auch der heutige Tag wird nie wieder zurückkehren. Unsere Zeit auf dieser Welt ist begrenzt. Das ist eine Tatsache, die wir oft verdrängen. Aber stelle dir vor, du wüsstest genau, wie viel Zeit dir noch bleibt: Wie würdest du sie verbringen? Würdest du weiter den Erwartungen anderer folgen oder würdest du endlich dein Leben in die eigene Hand nehmen?

Was braucht es, um wirklich selbstbestimmt zu leben? Es braucht den Mut, Entscheidungen zu treffen und für die eigenen Träume einzustehen. Und manchmal braucht es auch jemanden, der dir den Weg zeigt, der dir Orientierung und Unterstützung gibt.

Du willst dein eigenes Unternehmen gründen. Was glaubst du, was dafür entscheidend ist? Es ist Klarheit. Klarheit darüber, was du wirklich willst, wie du leben möchtest und wie du handeln musst. Mit dieser Klarheit kannst du beginnen, dein Leben nach deinen Vorstellungen zu gestalten. Es liegt in deiner Hand.

Ich gehe davon aus, dass du, da du zu diesem Ratgeber gegriffen hast, bereits eine gewisse Klarheit über deine Wünsche und Ziele erlangt hast. Vielleicht hast du sogar schon erste Ideen, die darauf warten, weiterentwickelt zu werden. Anschließend brauchen wir eine Vision – ein Bild davon, was oder wie dein Leben sein könnte, wenn es keine Begrenzungen gäbe. Denke nicht klein, lasse keine Zweifel zu und setze dir keine Grenzen. Es spielt keine Rolle, ob dir manches im Moment übertrieben oder unrealistisch erscheint. Denke so, als würdest du bereits all deine finanziellen Ziele erreicht haben, zum Beispiel deine Absicherung fürs Alter, eine hübsche Wohnung oder eine alte Vespa.

Stelle dir vor, was du wirklich tun möchtest. Welche Leidenschaft, welche Aufgabe oder welches Ziel lässt dein Herz höherschlagen? Es geht hier nicht darum, wie du das erreichen kannst – die Details kommen später. Es geht nur darum, klar zu definieren, was du wirklich machen möchtest. Was inspiriert dich? Welchen Traum trägst du tief in dir?

Und noch wichtiger: Wer möchtest du sein? Möchtest du nicht derjenige sein, der die Richtung vorgibt, der Veränderungen bewirkt, der Freiheit lebt? Stelle dir vor, wie es sich anfühlt, wenn du genau das bist, was du dir erträumt hast. Deine Vision soll nicht von Einschränkungen geprägt sein – sie ist dein Antrieb, dein Nordstern, der dich durch Unsicherheiten führt. Jetzt ist die Zeit, groß zu denken. Träume ohne Grenzen, stelle dir die beste Version von dir selbst vor und schreibe sie auf. Dein „Wie" finden wir später. Jetzt zählen nur dein „Was" und dein „Wer".

Wenn du deine Vision hast, kannst du dich anschließend um das Wie kümmern. Wir trauen uns oft nicht, groß zu denken. Wir sind der Meinung, es nicht zu schaffen, oder wollen nicht überheblich wirken.

Das aber ist Unsinn. Du musst dich mit niemandem vergleichen. Sei einfach besser als der Mensch, der du gestern warst. Messe dich an dir selbst. Wichtig ist, dass du deine Vision in dir suchst und nicht in anderen. Schreibe sie auf! Was ist deine Vision? Was wäre ein absoluter Traum, wenn Geld keine Rolle spielen würde? Wie würdest du dich selbst verwirklichen auf dieser Welt? Wie sähe deine Zukunft aus?

____

____

____

____

____

„Die Zukunft gehört denen,
die an die Wahrhaftigkeit ihrer Träume glauben."
Eleanor Roosevelt

Der Schlüssel zum Start in die Freiheit

Wenn du dir nach alldem gerade die Fragen stellst: „Bin ich überhaupt als Gründer geeignet? Ist Unternehmertum oder Selbstständigkeit wirklich etwas für mich?", dann möchte ich dir eins sagen: Niemand wird als perfekter Unternehmer geboren. Die meisten Menschen, die heute erfolgreich ihr eigenes Unternehmen führen, haben diesen Weg nicht eingeschlagen, weil sie von Anfang an alles wussten oder konnten. Sie hatten Mut, eine Vision und die Bereitschaft zu lernen.

Was du brauchst, ist nicht Perfektion, sondern ein wenig Cleverness, Fleiß und die richtigen Partner an deiner Seite. Solche Menschen geben dir ehrliches Feedback, stehen dir in schwierigen Momenten zur Seite und helfen dir, den Fokus nicht zu verlieren.

Wenn du die Frage, ob Selbstständigkeit der richtige Weg für dich ist, schon länger mit dir herumträgst, ist das ein gutes Zeichen. Denn es zeigt, dass du dich ernsthaft damit auseinandergesetzt hast. Es zeigt, dass du nachdenkst, reflektierst und vielleicht schon erste Ideen hast. Diese Gedanken sind wichtig und sie bringen dich immer näher an den Punkt, an dem du Klarheit gewinnen kannst. Doch wenn du dir trotz allem noch unsicher bist, keine Sorge: Das ist völlig normal.

Genau für solche Momente haben wir ein Werkzeug entwickelt, das dir helfen kann, den nächsten Schritt zu machen – unseren Gründercheck. Dieses kleine, aber effektive Tool wurde speziell dafür geschaffen, dir eine erste Orientierung zu geben. Es zeigt dir, wo du stehst, was du vielleicht noch brauchst und ob die Selbstständigkeit in diesem Moment der richtige Schritt für dich ist.

Der Gründercheck ist einfach und unkompliziert: Du beantwortest ein paar Multiple-Choice-Fragen auf unserer Website. Es dauert nur wenige Minuten und du bekommst ein Ergebnis, das dir hilft, dich besser einzuschätzen. Dieses Ergebnis ersetzt zwar kein persönliches Gespräch, aber es gibt dir einen ersten Impuls – und manchmal ist genau das der Funke, den es braucht, um loszulegen.

Wenn du bereit bist, diese Frage für dich zu klären, dann nutze die Gelegenheit. Lasse uns gemeinsam herausfinden, ob dein Weg in die Selbstständigkeit beginnt – und wie wir ihn so gestalten können, dass er dich erfüllt. Du bist nicht allein und du musst es auch nicht allein herausfinden. Dein erster Schritt beginnt jetzt.

Hier kommst du zu unserem Gründercheck:
www.business-fabrik.com/gruendercheck

Klicke auf den Link und beantworte ein paar einfache Fragen. Es dauert wie gesagt nur wenige Minuten. Anschließend erhältst du per E-Mail dein persönliches Ergebnis. Auf Wunsch kannst du auch deine Nummer hinterlassen und wir können uns mit dir in Verbindung setzen.

Aber lasse mich ehrlich sein: Der Gründercheck ist nur der Anfang und er gibt dir eine Orientierung. Warum? Weil kein Fragebogen der Welt so individuell auf dich eingehen kann wie jemand, der sich wirklich mit dir unterhält. Jemand, der sich auskennt – jemand wie ich. Deine Fragen, deine Sorgen, deine Vision, all das kann nur in einem Dialog wirklich berücksichtigt werden.

Jede große Veränderung beginnt mit einem einzigen Schritt. Oft zögern wir, weil der Weg unklar erscheint – doch wahre Fortschritte entstehen, wenn wir ins Handeln kommen.

Was ist der erste Schritt, den du heute unternehmen könntest, um deiner Vision näher zu kommen?

____

____

____

____

____

Warum ist ein persönliches Gespräch so wichtig?
Du bist einzigartig und das bedeutet, dass dein Weg in die Selbstständigkeit ebenfalls einzigartig ist. Ein standardisiertes Formular kann dir eine

Richtung zeigen, aber ein Gespräch gibt dir die Möglichkeit, deine individuellen Ziele zu klären und Hindernisse zu überwinden.

<u>Vielleicht hast du folgende Bedenken:</u>
- ➤ „Ist meine Idee überhaupt gut genug?"
- ➤ „Wie gehe ich die Finanzierung an?"
- ➤ „Welche Fördermittel oder Zuschüsse kommen in Frage?"
- ➤ „Was passiert, wenn ich scheitere?"

Diese Fragen sind normal – und sie sind lösbar. Ein Gespräch hilft dir, Klarheit zu gewinnen und einen realistischen Plan zu entwickeln. Keine Reise ohne genaues Ziel. Gemeinsam können wir herausfinden, welcher Weg für dich Sinn ergeben und wie du deine Vision in die Realität umsetzen kannst. Denn hier geht es nicht nur um einen Plan – es geht darum, dein Leben neu zu gestalten.

Gemeinsam schaffen wir eine Basis des Vertrauens. Warum? Weil nachhaltiger Erfolg Zeit braucht. Eine kurzfristige Zusammenarbeit mag dir schnelle Ergebnisse bringen, aber die wirklich wichtigen Ziele sind langfristige Stabilität und Wachstum. Genau deshalb begleite ich dich, wenn du möchtest, bis zu drei Jahre lang.
Gemeinsam entwickeln wir klare Ziele, die nicht nur greifbar sind, sondern dir dabei helfen, deine Vision Wirklichkeit werden zu lassen:

- ➤ Was möchtest du wirklich erreichen?
- ➤ Wie sieht deine persönliche Vision aus?
- ➤ Wie möchtest du dich und dein Unternehmen präsentieren?

Diese Fragen sind kein bloßer Einstieg – sie sind der Schlüssel zu deinem Erfolg. Deine Antworten formen die Grundlage für einen individuellen Plan, der auf deine Stärken und Wünsche abgestimmt ist.
Ich helfe dir, dich auf das Wesentliche zu fokussieren, Hindernisse zu überwinden und klare Prioritäten zu setzen. Es gibt viele Möglichkeiten, dein Ziel zu erreichen – aber wir werden den Weg finden, der dich wirklich

erfüllt. Gemeinsam legen wir den Fokus auf das, was zu dir passt, und schaffen so die Basis für deinen langfristigen Erfolg.

Ich begleite dich Schritt für Schritt. Es ist ganz normal, sich zu fragen, ob die eigene Idee realisierbar ist oder ob die Risiken zu groß sind. Genau hier setzt meine Unterstützung an: Ich biete dir keine fertigen Lösungen, sondern helfe dir, deinen eigenen Weg zu finden – einen Weg, der für dich Sinn ergibt. Dabei zeige ich dir, wie du Stolpersteine erkennst, Risiken frühzeitig minimierst und Hindernisse strategisch umgehst. Du wirst nicht nur eine klare Richtung entwickeln, sondern auch die Werkzeuge bekommen, um deine Ziele sicher und durchdacht zu erreichen.

Ich sehe dich nicht als Kunden, sondern als Partner auf Augenhöhe. Unser gemeinsames Ziel ist es, etwas zu schaffen, das langfristig Bestand hat – kein Schnellschuss, sondern ein solides Fundament, das dich über Jahre trägt. Deshalb nehme ich mir die Zeit, dich und deine Vision wirklich zu verstehen. Denn nur so können wir sicherstellen, dass du selbstbewusst und voller Klarheit deinen nächsten Meilenstein angehen kannst.
Stelle dir vor, wie es sich anfühlt, dein Leben wieder in die eigene Hand zu nehmen. Keine Unsicherheiten mehr, ob dein Job wirklich zu dir passt. Keine Entscheidungen mehr, die andere für dich treffen. Stattdessen weißt du genau, was du willst, warum du es willst und wie du es erreichst. Und das Beste daran? Es ist dein Weg, den du selbst bestimmst. Die Kontrolle liegt bei dir – und genau das macht den Unterschied.

Deine ersten Schritte

Bereit, den ersten Schritt zu machen? Lass uns gemeinsam herausfinden, was dich antreibt, wo deine Stärken liegen und wie du sie gezielt nutzen kannst. Vielleicht liegt die Lösung näher, als du denkst. Alles, was es braucht, ist der Mut, loszulegen. Und dabei bist du nicht allein – ich bin an deiner Seite, um dir die Unterstützung zu geben, die du brauchst, damit dein Traum Realität wird.

Selbstständigkeit bedeutet wie gesagt nicht, dass du alles selbst machen musst. Genau deshalb bieten wir dir Zugang zu einem starken Netzwerk. Unsere Partner sind Experten in Bereichen wie:

- ➢ Buchhaltung
- ➢ Steuerberatung
- ➢ Werteprozess
- ➢ Corporate Design
- ➢ Marketing und Vertrieb

All diese Bereiche – und ich habe nur einen Teil genannt – spielen eine Schlüsselrolle, wenn du dein Unternehmen aufbauen willst. Und hier kommt es nicht nur auf die Kompetenz an, sondern auch auf die Chemie. Du brauchst Partner, denen du vertrauen und auf die du dich verlassen kannst. Natürlich ist es möglich, sich irgendwo eine günstige Website erstellen zu lassen, aber lasse mich dir eine Frage stellen: Wer bist du und wie möchtest du dich präsentieren? Dein Auftritt ist das Gesicht deines Unternehmens. Gerade in den ersten Monaten ist es entscheidend, einen professionellen Eindruck zu hinterlassen. Wir helfen dir, diese Details richtig zu planen und umzusetzen, damit du dich von Anfang an klar und überzeugend positionierst.

Vielleicht fragst du dich jetzt: „Das klingt alles großartig, aber wie soll ich das finanzieren?" Eine absolut berechtigte Frage, aber das Finanzielle ist nicht das Hindernis, als das du es möglicherweise betrachtest. Im Gegenteil: Es gibt Wege, die überraschend einfach sind und es dir ermöglichen, dein Unternehmen auf stabilen Beinen zu starten – selbst ohne großes Eigenkapital.

Ein Businessplan ist mehr als nur ein Dokument. Er ist dein Fahrplan, dein Werkzeug, um Klarheit und Struktur in dein Vorhaben zu bringen. Und noch mehr: Mit einem soliden Businessplan öffnen sich Türen zu Förderungen und finanzieller Unterstützung, die sonst vielleicht für dich verschlossen bleiben würden. Wusstest du, dass wir deinen Businessplan mit bis zu 50

Prozent fördern lassen können? Das bedeutet: Ein Großteil der Kosten wird übernommen und du kannst dich auf das konzentrieren, was wirklich zählt – deine Vision.

Es gibt eine Vielzahl an Förderprogrammen und Zuschüssen, die speziell für Gründer wie dich entwickelt wurden, um dir den Einstieg in dein eigenes Unternehmen zu erleichtern. Von finanziellen Entlastungen über Beratungsförderungen bis hin zu Darlehen – all das nimmt dir einen Großteil des Drucks und der Unsicherheiten.
Da wir vom Deutschen Bundesamt für Wirtschaft und Ausfuhrkontrolle, kurz BAFA, zertifiziert sind, hast du zusätzlich den Vorteil, dass du unsere Beratungsleistung mit bis zu 75 Prozent fördern lassen kannst. Das bedeutet auch hier: Ein großer Teil der Kosten wird übernommen, sodass du dich voll und ganz auf deine Vision und die Umsetzung deines Plans konzentrieren kannst.

Was heißt das für dich?
Stelle dir vor, du erhältst eine professionelle Beratung, die dir Klarheit, Struktur und Antworten auf deine Fragen liefert – und das zu einem Bruchteil der üblichen Kosten. Mit dieser Unterstützung kannst du nicht nur deinen finanziellen Spielraum erweitern, sondern auch sicherstellen, dass du auf deinem Weg keine unnötigen Fehler machst. Das nimmt enormen Druck von der Brust und gibt dir die Freiheit, dich auf das Wesentliche zu fokussieren: den Aufbau deines Unternehmens.

Und da ist noch mehr: Zusätzlich zu den BAFA-Förderungen stehen dir zahlreiche weitere Programme offen, die dir helfen, finanzielle Sicherheit aufzubauen:
> Zuschüsse: nicht zurückzahlbare Geldmittel, die dir sofort Luft verschaffen.
> Zinsgünstige Darlehen: Finanzierungen, die dir den Start erleichtern, ohne dich finanziell zu belasten.
> Regionale Förderungen: Einige Bundesländer bieten spezifische Unterstützung für Gründer in ihrer Region.

Warum solltest du diese Chancen nutzen?

Weil sie genau dafür gemacht sind, dir den Weg in die Selbstständigkeit zu ebnen. Du brauchst keine großen Rücklagen oder ein riesiges Budget, um deinen Traum zu verwirklichen. Mit den richtigen Programmen und einer gezielten Beratung hast du alle Werkzeuge, um deinen Start nicht nur möglich, sondern auch erfolgreich zu machen.

Sonderdarlehen für Gründer gibt es mehr, als du wahrscheinlich glaubst. Zahlreiche Darlehensprogramme wurden speziell für Gründer wie dich entwickelt. Und das Beste daran? Du kannst bis zu 75.000 Euro erhalten – selbst dann, wenn du kein Eigenkapital hast. Du brauchst lediglich ein tragfähiges Konzept.

Stelle dir vor, was das für dich bedeuten würde: Du könntest dein Unternehmen starten, ohne dich von hohen finanziellen Hürden aufhalten zu lassen.

Neben Förderprogrammen gibt es auch zinsgünstige Darlehen und Zuschüsse, die dir den Start in die Selbstständigkeit ebenfalls vereinfachen. Du kannst du diese Optionen nutzen, um deine Ressourcen optimal zu managen. Und das Beste: Ich kenne diese Wege und helfe dir dabei, die für dich am besten passenden zu finden und zu nutzen.

Stelle dir vor, wie es wäre, wenn finanzielle Sorgen plötzlich keine Rolle mehr spielen würden. Statt dich von ihnen blockieren zu lassen, könntest du all deine Energie in den Aufbau deines Unternehmens investieren. Das ist kein Problem – wenn du die richtigen Möglichkeiten kennst und von jemandem unterstützt wirst, der dir zeigt, wie du sie nutzt

Ich helfe dir, alle Hürden zu überwinden. Gemeinsam entwickeln wir nicht nur deinen Fahrplan, sondern nutzen auch die Fördermittel, Zuschüsse und Programme, die dir zustehen. Du wirst überrascht sein, wie viele Wege es gibt, deinen Traum zu finanzieren – und wie einfach sie sein können, wenn du weißt, wo du ansetzen musst.

Jetzt liegt es an dir. Willst du weiterhin über die finanziellen Hürden nachdenken – oder möchtest du den ersten Schritt machen und entdecken, wie unkompliziert dein Start sein kann? Ich bin bereit, dir zu zeigen, wie du deinen Traum verwirklichen kannst, ohne dich von vermeintlichen Hindernissen aufhalten zu lassen. Der Schlüssel liegt darin, die Möglichkeiten zu erkennen und gezielt zu nutzen. Du brauchst keine Unsummen, um zu starten – nur den richtigen Plan und jemanden, der dir zeigt, wie es geht.

Stelle dir vor, du sitzt in einem Jahr an deinem eigenen Schreibtisch, in deinem eigenen Büro, arbeitest an deinem eigenen Unternehmen – und die finanziellen Sorgen, die dich jetzt noch zurückhalten, sind längst vergessen. Alles, was du dafür tun musst, ist, den ersten Schritt zu gehen. Bist du bereit?

Unsere Werte und Vision

Ich arbeite nicht mit jedem zusammen. Warum? Weil ich glaube, dass Leidenschaft der Schlüssel zum Erfolg ist. Wenn du für deine Idee brennst und bereit bist, für deinen Traum zu kämpfen, dann bist du bei mir richtig.

Ich möchte, dass du langfristig erfolgreich bist. Es geht nicht darum, einfach nur ein Unternehmen zu gründen. Es geht darum, ein Unternehmen zu schaffen, das Bestand hat. Ich habe selbst erlebt, wie es sich anfühlt zu scheitern, und ich möchte dir helfen, diesen Schmerz zu vermeiden. Lass uns gemeinsam an deinem Erfolg arbeiten – ehrlich, nachhaltig und zielgerichtet.

Die Zusammenarbeit mit mir bedeutet für dich mehr als nur Beratung. Es geht darum, dein Potenzial zu entdecken und zu nutzen. Du erhältst Klarheit über deine Ziele und den Weg, der dich dorthin führt. Kurzfristig wirst du erleben, wie sich deine Unsicherheiten in greifbare Handlungen umwandeln lassen. Du gewinnst Fokus, Struktur und Zuversicht. Langfristig wirst du erkennen, dass die Entscheidungen, die du heute triffst, die Grundlage für ein freies und selbstbestimmtes Leben schaffen.

Kurzfristig wirst du von einem klaren Plan profitieren. Endlich weißt du, wohin du willst und wie du dorthin kommst. Du fühlst dich nicht mehr überfordert von Informationen oder blockiert durch Unsicherheiten. Langfristig bedeutet die Selbstständigkeit für dich, ein Leben nach deinen Vorstellungen zu führen. Stelle dir vor, wie es wäre, nicht mehr nur zu funktionieren, sondern zu gestalten – jeden Tag. Du wirst nicht nur finanziell wachsen, sondern auch als Mensch: Du wirst selbstbewusster, stärker und unabhängiger.

Stelle dir vor, du bleibst in deinem jetzigen Alltag. Die Zweifel, die du jetzt spürst, werden nicht verschwinden. Jeden Morgen wachst du auf und fragst dich: „Ist das wirklich alles? Könnte ich nicht mehr aus meinem Leben machen?" Die Angst vor dem Scheitern wird ebenfalls nicht verschwinden, sondern durch die Angst ergänzt werden, es nie versucht zu haben. Der Albtraum eines Lebens voller verpasster Chancen wird Realität, wenn du nicht handelst.
Aber was passiert, wenn du den Schritt wagst? Du stellst dich deinen Ängsten und siehst, dass hinter ihnen die absolute Freiheit liegt. Jede große Veränderung beginnt mit einem Moment des Mutes. Du kannst deine Angst nutzen. Nicht, um dich zurückzuhalten, sondern um dich voranzutreiben.

Und das sind die Dinge, die auf dich warten:

> **Freiheit:** Du bestimmst, wie du deine Zeit nutzt und was du aus deinem Leben machst.
> **Selbstbewusstsein:** Jede Entscheidung, die du triffst, stärkt dich und bringt dich voran.
> **Finanzielle Unabhängigkeit:** Deine Arbeit zahlt sich für dich aus – nicht für jemand anderen.
> **Gestaltungsspielraum:** Du kannst Ideen umsetzen, die dir am Herzen liegen, und deine Vision Realität werden lassen.
> **Wachstum:** Nicht nur dein Unternehmen, sondern auch du selbst wächst mit jeder Herausforderung.

Angst ist normal. Jeder, der etwas Großes wagt, fühlt sie. Den Unterschied macht, wie du mit dieser Angst umgehst. Stelle dir vor, deine Angst ist kein Hindernis, sondern ein Antrieb. Sie zeigt dir, was dir wirklich wichtig ist, und weist dir den Weg zu dem, was du erreichen kannst.

Wir haben schon gesprochen über die Angst vor dem Scheitern? Ja, das Risiko ist da, aber stelle dir vor, du scheiterst und fängst erneut an, mit den Erfahrungen, die du gesammelt hast.

Angst vor Veränderung? Sie ist der Anfang von Wachstum. Die Angst wird bleiben, solange du sie nicht angehst. Aber wenn du den ersten Schritt machst, wird sie kleiner.

Es geht nicht nur darum, ein Unternehmen aufzubauen, das funktioniert, sondern um etwas viel Größeres: ein Leben, das dir entspricht. Ein Leben, in dem du morgens aufwachst und dich auf den Tag freust – nicht, weil du bestimmte Dinge tun musst, sondern weil du das tun kannst, was du möchtest. Es geht um ein Leben voller Möglichkeiten, in dem du selbst bestimmst, wie dein Alltag aussieht, und nicht länger nach den Regeln anderer handelst.

Stelle dir vor, du triffst Entscheidungen, die deine Werte widerspiegeln. Du gestaltest deinen Tagesablauf so, dass du nicht nur produktiv bist, sondern dein Tun dich auch erfüllt. Deine Arbeit fühlt sich nicht mehr wie Arbeit an, sondern wie eine Mission, die dich antreibt und wachsen lässt. Du schaffst dir ein Umfeld, das dich nicht nur unterstützt, sondern inspiriert – Menschen, die deine Vision teilen und dich auf deinem Weg begleiten.

Denke groß. Was könntest du alles erreichen, wenn du die Kontrolle über dein Leben vollständig übernimmst? Nicht nur finanziell, sondern auch persönlich. Deine Träume könnten Realität werden – und vielleicht sogar größer sein, als du es dir je vorgestellt hast.

Es geht darum, deine Version von Erfolg zu leben – nicht die Definition von Erfolg, die andere dir vorgeben.

Aber es geht noch weiter. Dein Unternehmen ist nur der Anfang. Es wird zum Werkzeug, um dir die Freiheit zu geben, die du dir wünschst, und die Stabilität, die du brauchst. Es wird zum Fundament, auf dem du wachsen kannst – als Mensch, als Unternehmer, als Visionär.

<u>Die großen Ziele beginnen mit den großen Fragen:</u>

- ➤ Was ist dir wirklich wichtig?
- ➤ Welche Träume hast du bislang zurückgehalten, weil sie zu groß erschienen?
- ➤ Wie könnte dein Leben aussehen, wenn du dir erlaubst, groß zu denken?

Dein Moment des Handelns: Starte jetzt in deine Zukunft

Es ist an der Zeit, dich nicht länger von Zweifeln oder Erwartungen anderer einengen zu lassen. Die Selbstständigkeit ist nicht nur ein beruflicher Schritt – sie ist die Gelegenheit, dein Leben so zu gestalten, dass du stolz darauf sein kannst. Die Kontrolle liegt in deinen Händen. Was wirst du damit machen?

Mit dem Beginn einer neuen Reise endet auch eine alte. Möchtest du weiter in deiner Komfortzone verharren oder bist du bereit, dein Leben nach deinen eigenen Vorstellungen zu gestalten? Die Wahl liegt allein bei dir. Die Komfortzone mag sicher erscheinen, doch sie ist eine Falle, die deine Träume für immer unerfüllt lassen könnte. Das Leben, das du dir wünschst, beginnt dann, wenn du die Entscheidung für dich triffst. Es ist nicht der einfachste Weg, aber es ist der Weg, der deine Träume zur Wirklichkeit machen kann.

Gründercheck, unsere kommende Infoveranstaltung oder ein persönliches Gespräch – starte jetzt. Der erste Schritt ist oft der schwierigste, aber er öffnet dir die Tür zu einer Welt voller Möglichkeiten. Ob du mit unserem Gründercheck eine erste Orientierung suchst, an einer unserer Veranstaltungen teilnehmen willst oder in einem persönlichen Gespräch deine Vision teilen möchtest – der erste Schritt ist entscheidend. Jede große Reise beginnt mit einem kleinen, aber mutigen Schritt. Worauf wartest du noch? Die Unterstützung, die du brauchst, ist bereits da. Jetzt liegt es an dir, deine Chance zu ergreifen.

Was hält dich aktuell noch zurück? Sei ehrlich zu dir selbst:

____

____

____

____

Die Antworten, die du notiert hast, könnten der entscheidende Wendepunkt in deinem Leben sein. Oft sind es Angst und Zweifel oder ist es Unsicherheit, die uns am Handeln hindert. Doch eines ist sicher: Träume werden nicht wahr, indem man wartet. Du musst aktiv werden. Betrachte deine aktuellen Umstände und frage dich:

„Bin ich wirklich zufrieden?"

Wenn die Antwort Nein lautet, dann ist es Zeit, einen neuen Weg einzuschlagen. Deine Motivation sollte nicht von Erwartungen von außen getrieben sein, sondern von deinem inneren Wunsch, ein Leben zu leben, das dich erfüllt. Du verdienst es, deine Träume zu verwirklichen.

Ein Leben voller Möglichkeiten und Selbstbestimmung

Stelle dir vor, wie es sich anfühlt, morgens mit der Gewissheit aufzuwachen, dass du die Kontrolle über dein Leben hast. Keine Fremdbestimmung mehr, keine ungeliebten Aufgaben, die von anderen auferlegt werden. Stattdessen ein Alltag, der sich nach deinen Wünschen richtet. Deine Vision ist das Fundament deines Erfolgs. Je klarer du weißt, wohin du willst, desto leichter wird es sein, die richtigen Maßnahmen zu ergreifen. Nimm dir nochmal einen Moment Zeit, um dir dieses Leben vorzustellen.

Wie würde es sich anfühlen, frei zu sein, wirklich frei?

Diese Vision kann Wirklichkeit werden, wenn du bereit bist. die Verantwortung für deine Zukunft zu übernehmen.

Ich begleite dich ehrlich und nachhaltig auf deinem Weg. Niemand muss diesen Weg allein gehen. Es wird Herausforderungen geben und manchmal wirst du auf Hindernisse stoßen. Aber genau in diesen Momenten ist es wichtig, jemanden an deiner Seite zu haben, der dich unterstützt. Mein Ziel ist es, dich nicht nur fachlich, sondern auch menschlich zu begleiten. Ehrlichkeit und Transparenz sind die Grundpfeiler meiner Arbeit. Du sollst jederzeit das Gefühl haben, dass deine Ziele auch meine Ziele sind und ernst genommen werden. Es geht nicht nur darum, kurzfristige Erfolge zu erzielen, sondern darum, eine Grundlage zu schaffen, die dir langfristig Stabilität und Erfolg bringt.

Ich glaube an deine Vision, wenn du das auch tust.

Jeder Schritt bringt dich näher an deine Ziele – beginne heute!

Erfolg entsteht nicht über Nacht. Er ist das Ergebnis vieler kleiner Handlungen, die konsequent in die richtige Richtung führen. Jeder Schritt, den du heute machst, bringt dich näher an das Leben, dass du dir wünschst. Stelle dir vor, wie es sich anfühlt, wenn du zurückblickst und erkennst, wie weit du gekommen bist. Es ist nie zu spät, neu anzufangen, aber es ist immer zu früh, um aufzugeben. Heute könnte der Tag sein, an dem sich alles ändert.

Dieser Ratgeber ist für dich – für Menschen, die mit dem Gedanken spielen, sich selbstständig zu machen, aber noch von Ängsten und Zweifeln zurückgehalten werden. Vielleicht erkennst du dich selbst wieder: Du spürst, dass es Zeit für Veränderung ist, aber die Unsicherheiten scheinen größer als der Mut. Ich möchte dir zeigen, dass diese Unsicherheiten normal sind und dass sie überwunden werden können.

Du hast hier Antworten auf die zentralen Fragen gefunden, die dir bisher im Weg standen. Wir haben über Schuldgefühle gesprochen, über die Angst vor dem Scheitern, über Zweifel an deinen Fähigkeiten und über die Last, die Erwartungen anderer zu erfüllen. Aber vor allem haben wir uns angesehen, was dich erwartet, wenn du diesen Schritt gehst: Freiheit, Selbstbestimmung und ein Leben, das du selbst gestaltest.

Es geht nicht nur um dein Unternehmen. Es geht um dich. Um dein Leben. Um die Möglichkeit, endlich nach deinen eigenen Regeln zu leben. Was wäre, wenn du deine Vision verwirklichst? Wenn du nicht nur davon träumst, sondern es tatsächlich machst?

**21 Mythen, Fakten, Dos & Don'ts,
übersichtlich zusammengefasst**

Mythen (häufige Irrtümer)

1. „Man muss alles allein machen.“
   → Fakt: Nein, kluge Unternehmer bauen auf ein starkes Netzwerk und holen sich gezielt Unterstützung.

2. „Ohne Eigenkapital geht nichts.“
   → Fakt: Fördermittel und Zuschüsse ermöglichen einen Beginn auch ohne großes Startkapital.

3. „Erst wenn alles perfekt ist, starte ich.“
   → Fakt: Perfektion blockiert – starte lieber unperfekt, aber starte!

4. „Ein Businessplan ist unnötig.“
   → Fakt: Ein solider Plan ist dein Fahrplan und der Schlüssel zu Fördergeldern.

5. „Selbstständigkeit bedeutet nur Stress.“
   → Fakt: Selbstständigkeit bedeutet Freiheit und Selbstbestimmung – wenn du richtig planst.

6. „Scheitern ist das Ende.“
   → Fakt: Rückschläge sind Lernchancen. Sie machen dich stärker und resilienter.

7. „Ich brauche von Anfang an alles: Website, Logo, Büro.“
   → Fakt: Starte klein und konzentriere dich zuerst auf das Wesentliche.

Fakten (wichtige Wahrheiten)

8. Selbstständigkeit ist eine Reise zu mehr Freiheit.
   → Du gestaltest deinen Alltag, deine Projekte und deine Ziele selbst.

9. Zeit ist dein wertvollstes Gut.
   → Als Unternehmer entscheidest du, wie du sie nutzt und in was du investierst.

10. Richtiges Netzwerken öffnet Türen.
   → Kooperationen und Partner sparen dir Zeit, Geld und Nerven.

11. Mut schlägt Zweifel.
   → Jeder große Erfolg beginnt mit einem kleinen, mutigen Schritt.

12. Finanzplanung schafft Sicherheit.
   → Klarheit über Einnahmen und Ausgaben ist essenziell, um Risiken zu minimieren.

13. Routinen und Disziplin sind deine besten Freunde.
   → Struktur hilft dir, den Überblick zu behalten und effizient zu bleiben.

14. Erfolg braucht Zeit.
   → Geduld und kontinuierliches Handeln bringen langfristige Erfolge.

Dos (was du tun solltest)

15. Finde deine Vision.
   → Was treibt dich an? Was willst du wirklich erreichen?

16. Erstelle einen klaren Businessplan.
   → Ein realistischer Plan zeigt dir die nächsten Etappen und öffnet Türen zu Förderungen.

17. Hole dir Hilfe, wenn du sie brauchst.
   → Berater, Experten und Mentoren helfen dir, schneller voranzukommen.

18. Baue ein starkes Netzwerk auf.
   → Partner aus Buchhaltung, Marketing oder Recht sparen dir Zeit und ersparen dir Fehler.

19. Beginne mit kleinen Schritten.
   → Konzentriere dich auf das, was dir wirklich Umsatz und Wachstum bringt.

20. Arbeite an deinem Mindset.
→ Lerne, mit Ängsten umzugehen und Rückschläge als Chance zu sehen.

21. Visualisiere deinen perfekten Arbeitstag.
→ Stelle dir vor, wie dein Alltag aussieht, wenn deine Selbstständigkeit erfolgreich ist.

Don'ts (was du vermeiden solltest)

1. Alles allein machen wollen.

2. Warten, bis alles perfekt ist.

3. Die Finanzen aus den Augen verlieren.

4. Sich zu stark mit anderen vergleichen.

5. Die Komfortzone nicht verlassen wollen.

Wer ist Jürgen Nitzbon

Jürgen Nitzbon ist ein positiver Mensch. Was andere als negativ oder eine schlechte Nachricht erachten, ist für ihn ein Wink vom Universum. Er sieht diese Dinge als Chance, einen anderen Weg einzuschlagen, und ist dankbar dafür, dass er aus falschen Entscheidungen lernen kann. Er ist ein spiritueller Mensch, der seinen Tag mit Meditation und Selbstreflexion startet.

Jürgen ist auch dankbar für seine Frau und seine zwei Mädels und dafür, dass er im schönen Bayern leben darf. Er ist jemand, der, obwohl er insolvent gegangen ist, sich und seine Ziele nicht aufgegeben hat. Einer, der sich immer neu erfindet und seinen Weg macht.

Mit seiner Gründungsberatungsagentur setzt Jürgen auf Nachhaltigkeit. Er begegnet seinen Geschäftspartnern mit Respekt und nimmt dabei trotzdem kein Blatt vor den Mund. Seine Ehrlichkeit und Transparenz, die er in der Beratung in den Fokus rückt, unterscheiden ihn von sehr vielen anderen Beratern. Weil er selbst erleben musste, wie schnell man ohne eine professionelle Unterstützung scheitern kann, will er andere genau davor bewahren.

www.business-fabrik.com | erfolg@business-fabrik.com
Instagram: business-fabrik

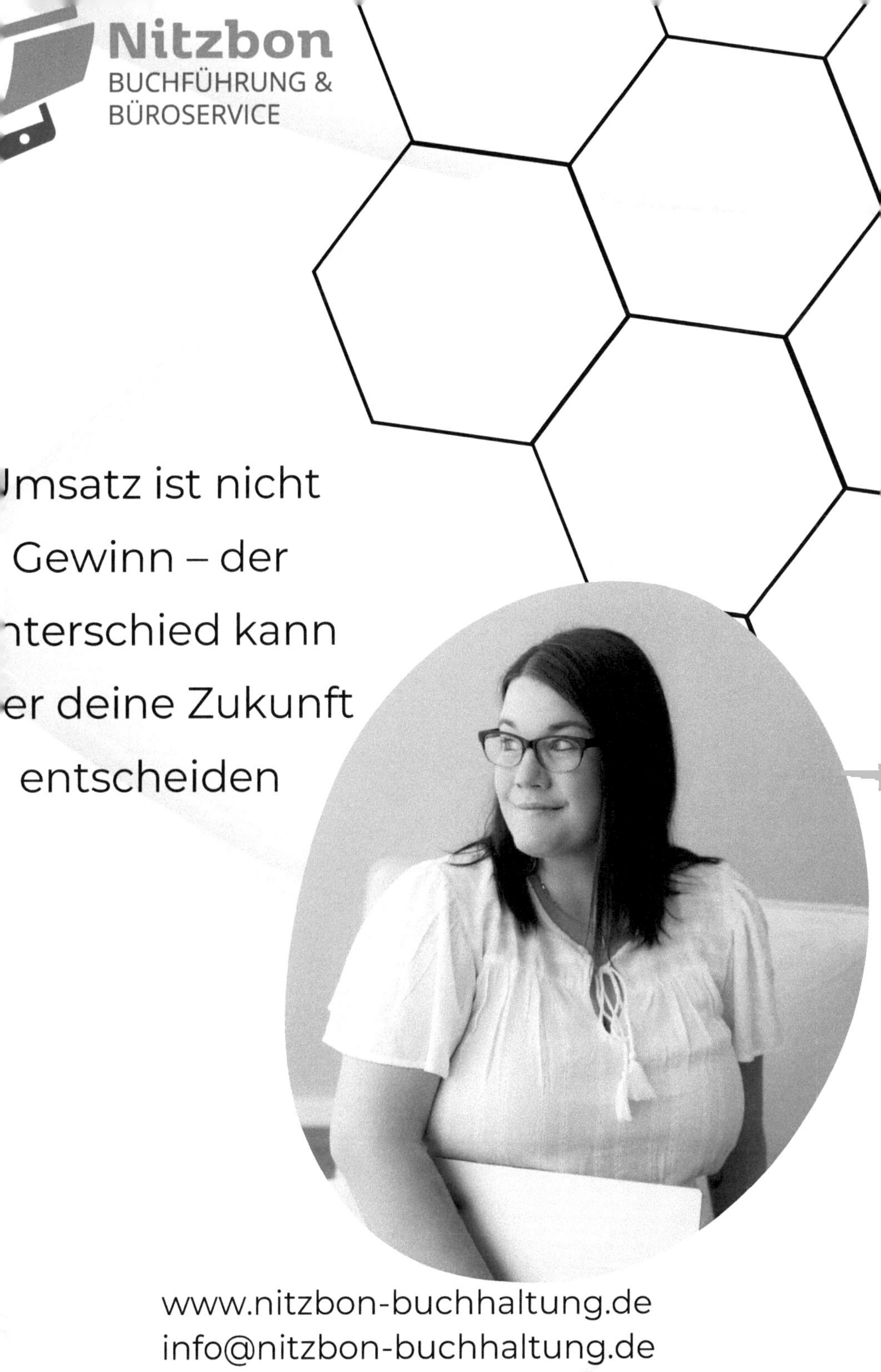
Nitzbon
BUCHFÜHRUNG &
BÜROSERVICE
Umsatz ist nicht
Gewinn – der
Unterschied kann
über deine Zukunft
entscheiden
www.nitzbon-buchhaltung.de
info@nitzbon-buchhaltung.de

CLEVER
FINANCE
Dein Navigator
im Bereich Finanzen
Steuern reduzieren und
Vermögen aufbauen -
Clevere Finanzstrategien
von denen du ein
Lebenslang profitierst
www.clever-finance.info
kontakt@clever-finance.info
0171 4729 296

Auch DU sitzt auf einer Goldgrube!

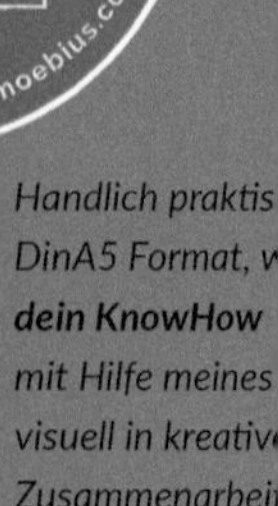

DIE GOLDGRUBE
sind deine wertvollen Tipps!

Statt sie überall gratis herauszugeben,
verwandle auch du – **wie Jürgen Nitzbon**, ich und viele meiner
Kunden – deine wertvollen Tipps (mit und ohne Schreibtalent)
mit meinem System in unter 18 Stunden in deinen eigenen
40-Seiten-Ratgeber®.

(D)ein 40-Seiten-Ratgeber® ist kein „Zusammenstellen von
Tipps", sondern dahinter steckt ein funktionierendes,
lukratives System, das deine Tipps verwandelt in:

- ✓ einen Leadmagneten
- ✓ einen Kundenmagneten
- ✓ eine zusätzliche 2-fache Einkommensquelle
- ✓ in eine Starterprodukt für deine Zielgruppe
  (mit dem Preis von 5,90 € ein No-Brainer)
- ✓ in einen 24/7-Verkäufer für deine Produkte/Dienstleistungen.

Und (d)ein 40-Seiten-Ratgeber® bringt dir
Expertenstatus-Sichtbarkeit.
Dazu Multiplikatoren & Kooperationspartner.

**MACH AUCH DU DEINE TIPPS ZU GOLD/GELD.
HOL DIR BEIM „LIVE-WEBINAR FÜR DEINEN
40-SEITEN-RATGEBER®"
DIE ANLEITUNG, DIE ALLES VERÄNDERT.**

**Sichere dir JETZT deinen Platz im nächsten
„0-Euro" LIVE-Webinar:
REICH WERDEN MIT DEM 40-SEITEN-RATGEBER®**
www.violamoebius.com/webinar

Ich freue mich auf dich!
Liebe Grüße, Viola